FAUT-IL RÉTABLIR LA COMMISSION MIXTE?

Annemasse - 1903-1930

FAUT-IL RÉTABLIR LA COMMISSION MIXTE ??

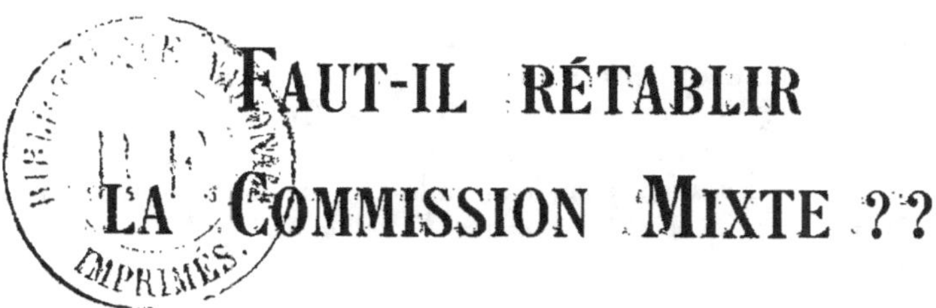

Diverses tentatives ont été faites pour régler, par l'institution de délégations ouvrières, les rapports des industriels et de leurs ouvriers, en vue de réduire la fréquence des grèves qui, dommageables aux industries qui les subissent, sont, pour l'ouvrier, génératrices de privations, de souffrances et de misère.

L'EXPÉRIENCE D'ARMENTIÈRES

C'est en 1903 qu'une Commission Mixte fût créée à Armentières : sous l'habile direction de M. Labbé, actuellement directeur général de l'Enseignement technique au Ministère du Travail, elle mit fin à une grève qu'avaient marquée des incidents d'une rare violence.

Le principe de la libre discussion entre patrons et ouvriers survécut au conflit qui avait provoqué la création d'une Commission Mixte. A diverses reprises, patrons et ouvriers se réunirent, et de ces contacts sortirent non seulement le réglement de questions parfois épineuses, mais aussi une meilleure compréhension mutuelle. On pouvait espérer que s'harmoniseraient de mieux en mieux les rapports des patrons et ouvriers et que serait évité tout conflit sérieux et durable : la grève de 1930 fût l'occasion d'une douloureuse surprise.

L'erreur serait grave, toutefois, de conclure à la faillite du système. Il importe, avant tout, d'examiner les conditions du fonctionnement de la Commission Mixte à Armentières, d'étudier les expériences de même nature, plus heureuses dans leurs résultats, qui ont été faites par ailleurs ; de bien connaître les circonstances qui aboutirent à la grève de juillet 1930. Cette étude et les comparaisons qui s'en suivront permettront de dégager des conclusions pratiques, nettement optimistes.

Et d'abord, qu'elle était la situation respective des parties en présence à la veille du conflit de 1930 ?

D'un côté, un syndicat patronal, d'une cohésion parfaite, comprenant toutes les firmes de la région, sauf une qui se ralliera au syndicat, en juillet 1930, réalisant ainsi l'unanimité. Ce syndicat est dirigé magistralement, depuis vingt-sept ans, par un homme énergique, qui a pris sur ses collègues un ascendant indiscuté et dont l'âge n'a ni altéré la vigoureuse jeunesse ni amoindri l'intelligence et la puissance de travail.

De l'autre côté, rien, malheureusement qui puisse être comparé à l'organisation patronale. La plupart des ouvriers restant à l'écart de toute organisation syndicale ; les autres se répartissent entre trois syndicats, d'importance très diverse : le syndicat communiste, affilié a la C. G. T. U , comptant quelques centaines d'adhérents ; le syndicat socialiste affilié à la C. G. T., sensiblement plus nombreux ; le syndicat « indépendant », mué, quelque temps auparavant, en syndicat « chrétien » : ce dernier — de beaucoup le plus nombreux — s'est toujours efforcé de se tenir en dehors de la politique — son titre primitif constituait, sous ce rapport, une profession de foi ; il ne semble pas que sous son vocable nouveau — qui n'a rien que de très rassurant — son orientation ait subi de sérieuses modifications. Bien qu'il soit assez difficile de déterminer le nombre d'adhérents réels de chaque organisation syndicale, il était notoire que les affiliés aux trois syndicats — Chrétiens, Socialiste, Communiste — constituaient une minorité par rapport à l'ensemble des ouvriers travaillant dans les tissages.

Outre ces syndicats, il existait un syndicat de Pareurs-Encolleurs et un syndicat de Lamiers, groupant des ouvriers de chacune de ces deux préparations.

La délégation patronale à la Commission Mixte, émanation d'un syndicat parfaitement homogène, avait bien toutes les qualités requises et toute l'autorité nécessaire pour négocier. En face d'elle se trouvaient, pour assurer la défense des intérêts ouvriers, des délégués, certes compétents et animés de bonne volonté, mais ne tenant leurs pouvoirs que du Syndicat Chrétien, d'une part, et du Syndicat Cégétiste, d'autre part, c'est-à-dire, les uns et les autres, d'une minorité.

L'inconvénient d'une telle situation n'échappera à personne : les délégués ouvriers à la Commission Mixte n'étaient pas les représentants de leur corporation mais les représentants de deux organisations syndicales concurrentes, de tendances nettement différentes ; c'est pourquoi il leur sera impossible en certaines circonstances, et vis-à-vis de certaines responsabilités à prendre, d'échapper au souci de ménager les intérêts particuliers de leur organisation syndicale. Faut-il en tenir rigueur aux délégués ouvriers ? Nullement, il faut incriminer non les hommes mais l'insuffisante perfection de la méthode suivie : c'est précisément ce que nous voulons mettre en lumière en vue d'apporter à la situation les redressements nécessaires.

Considérons de plus, que le syndicat communiste n'était pas représenté à la Commission Mixte ; les délégués ouvriers se trouvaient gênés par la traditionnelle surenchère des unitaires qui, n'étant pas appelés à partager les responsabilités, se livraient au jeu facile des folles promesses, des critiques les plus acerbes et des accusations les plus absurdes.

Loin de nous la pensée de condamner l'exclusion des unitaires : la Commission Mixte doit être un instrument de travail et de paix ; c'est dire que doivent en être écartés tous éléments de trouble et de désordre.

Une première conclusion se dégage de l'exacte connaissance de la situation :

La multiplicité des syndicats, le nombre relativement minime de leurs affiliés les disqualifie pour concourir, seuls, à la nomination des délégués ouvriers à l'exclusion des non-syndiqués. Tous les ouvriers ont le droit d'être représentés à la Commission Mixte : tous doivent participer à la nomination des délégués. Par ce moyen, seul, ceux-ci se trouveront investis de l'autorité indiscutée et assurés de l'indépendance qui leur sont nécessaires.

Il est très possible, d'aucuns diront même souhaitable, que certains délégués à l'ancienne Commission M xte, ralliant les suffrages de la majorité de leurs pairs, reprennent leur place dans la délégation ouvrière : encore une fois, notre critique porte sur la méthode, non sur les hommes. Ces délégués seront les derniers à se plaindre du surcroît d'autorité dont ils se trouvent investis, autorité qui leur permettra de prendre, sans entrave d'aucune sorte, les décisions les plus conformes aux intérêts supérieurs de la corporation.

Dira-t-on qu'une élection, à laquelle participeraient tous les ouvriers de la corporation, est chose trop compliquée ? Une telle observation ne vaut pas : la loi n'a-t-elle pas institué le vote général pour la juridiction prud'hommale ? Or, celle-ci est appelée à régler les contestations qui surgissent entre les individus ; la même méthode ne doit-elle pas, plus logiquement encore, s'appliquer à une Commission Mixte qui aurait à connaître des intérêts généraux de la corporation ? Poser la question, c'est y répondre : en regard de l'importance de l'organisme à créer, que pèsent les quelques complications, d'ailleurs plus illusoires que réelles, destinées à rendre plus parfait son fonctionnement ?

L'EXPÉRIENCE DU CREUSOT [1]

Le moment est venu de comparer l'organisation de la Commission Mixte, instituée à Armentières en 1903, avec une organisation qui dure depuis 32 ans sans que le moindre incident soit venu troubler son fonctionnement; nous voulons parler des délégations de corporations instituées au Creusot par M. Eugène Schneider. En l'an 1899, une grève avait éclaté sans même que les grévistes eussent formulé une seule revendication; les ouvriers ayant, à ce moment, formé entre eux un syndicat, prétendirent l'imposer comme intermédiaire obligatoire et normal entre la direction des usines et les ouvriers. La direction accéda à ce désir à condition que la *totalité* du personnel fût *équitablement* représentée. Waldeck-Rousseau, président du Conseil des Ministres, assisté de M. Alexandre Millerand, ministre du Commerce, ayant accepté d'arbitrer le conflit, la sentence arbitrale fut rendue le 7 octobre 1899 : elle approuve l'institution de rapports directs entre patrons et ouvriers; elle déclare en outre, que l'entremise d'un syndicat ne saurait être imposée. Conformément à ces principes, l'arbitre décida que les délégués seraient nommés par atelier, à raison d'un délégué par corporation. Il faut remarquer que le Creusot forme un ensemble d'industries diverses ressortissant à des corporations différentes; tel n'est pas le cas dans l'industrie du tissage où, s'il existe entre diverses catégories d'ouvriers des intérêts différents, les intérêts de l'ensemble des ouvriers sont entièrement solidaires au point qu'une grève affectant l'une quelconque des préparations précédant le tissage, entraîne, à brève échéance, l'arrêt complet de l'usine. Nous aurons à tenir compte de ce fait dans les conclusiont pratiques que nous entendons dégager tout à l'heure.

Les conditions imposées aux ouvriers et ouvrières du Creusot pour être électeurs sont les suivantes :

1° Être français;

2° Être âgé de plus de 18 ans;

3° N'avoir encouru aucune condamnation susceptible d'entraîner la perte des droits politiques;

4° Être inscrit sur la dernière feuille de paie.

---

1. Les relations entre patrons et ouvriers. — Lecture faite le 8 novembre 1930 à l'Académie des Sciences morales et politiques, *Revue des Deux Mondes* du 15 novembre 1930.

Sont éligibles, à condition de savoir lire et écrire, les ouvriers et ouvrières âgés de 25 ans accomplis, se trouvant dans les conditions requises pour être électeurs, et travaillant à l'usine, dans la même corporation, depuis un an au moins.

La condition première « être français » ne pourrait être retenue dans un centre comme Armentières, alimenté en main-d'œuvre par un contingent important d'ouvriers belges, non moins conscients que leurs collègues français des intérêts de leur corporation. Toutefois, s'il apparaît injuste de refuser à ceux-ci la participation à l'élection des délégués, eux-mêmes reconnaîtront qu'il est légitime de réserver aux seuls français la qualité d'éligible.

M. Eugène Schneider nous explique les raisons qui l'ont amené à rejeter les représentants des organisations syndicales ; nous ne pouvons mieux faire, nous plaçant sous sa haute autorité, que de le citer intégralement ; son exposé éclairera, mieux que tous commentaires, notre propre situation :

« Les syndicats ne groupent, en général, qu'une fraction des
» ouvriers de l'industrie et, dans une même usine, leur effectif subit
» des variations considérables suivant les circonstances. Il parait
» difficile d'admettre qu'ils représentent effectivement tout le personnel
» d'une usine ou bien d'une industrie. En outre, leur méthode d'action
» souvent simpliste, parfois brutale, ne les oriente pas davantage
» vers le rôle que jouent nos délégués ouvriers.

» Un syndicat ne s'embarrasse guère des variétés qui existent
» entre les intérêts et les conditions de vie des diverses corporations.
» Il doit, pour sa propagande, négliger les nuances, présenter des
» revendications simples, sommaires. Il subit, trop souvent, l'influence
» d'une minorité active qui sait se servir d'un malaise passager et
» utiliser des événements extérieurs à la vie de l'usine. Souvent même,
» il accueille parmi ses adhérents des éléments étrangers au personnel
» de l'usine et se montre ainsi plus sensible aux influences politiques ;
» il peut donc trouver, dans l'imprécision ou dans le caractère de
» certaines demandes, un moyen de surexciter dangereusement les
» esprits.

» Ajoutez que parfois des syndicats rivaux se partagent le personnel
» d'une usine. Alors l'esprit de rivalité et d'hostilité rend plus dan-
» gereux encore les défauts de cette méthode.

» Dans un syndicat, les droits des individus cessent d'être
» protégés quand les éléments combatifs dominent l'Assemblée. Dans
» ce milieu où les réactions sentimentales sont nécessairement très
» vives, parfois soudaines, il est impossible d'examiner avec calme,

» en toute liberté d'esprit, les aspects compliqués d'un litige industriel.

» Aussi doit-on souhaiter, pour la bonne marche de l'entreprise,
» pour la régularité du travail, une organisation stable où le souci des
» intérêts professionnels soit seul en jeu, où les questions s'étudient
» sans passion, où les influences politiques ne puissent s'exercer. La
» stabilité est une des exigences les plus impérieuses de ces organismes
» infiniment délicats que sont nos grandes usines modernes.

» C'est une des raisons pour lesquelles il est difficile que les
» syndicats, mal adaptés à la vie industrielle, puissent y jouer un rôle
» utile dans les relations normales entre patrons et ouvriers.

. . . .

» Le système du délégué de corporation, tel que nous le prati-
» quons, est fondé sur la compétence des élus résultant de leur
» spécialisation, sur la permanence du mandat, sur la sincérité et la
» régularité du vote. Grâce au délégué de corporation, les rapports
» entre la direction et le personnel se maintiennent sur un terrain
» exclusivement professionnel où les interlocuteurs apportent leur com-
» pétence technique spécialisée, leurs habitudes de précision, leur
» sens du concret ».

Le maréchal Foch disait un jour :

« Commander n'est rien. Ce qu'il faut, c'est bien comprendre
» ceux avec qui on a affaire et bien se faire comprendre d'eux. Se
» bien comprendre, c'est tout le secret de la vie... »

« Notre institution, très souple, s'adapte aisément aux conditions
» de travail des diverses corporations. Elle n'a pas non plus d'ambi-
» tions exagérées et paraît correspondre au désir légitime de l'ouvrier
» de discuter les conditions de son travail quotidien. Elle est une
» véritable institution de collaboration, en ce sens que le chef d'in-
» dustrie et le délégué sont animés d'un même désir d'améliorer
» l'exécution du travail, de diminuer la fatigue, de permettre à l'ouvrier
» d'élever, autant que possible, le niveau de sa vie matérielle et morale ».

L'expérience de M. Eugène Schneider, jointe à l'expérience
que nous avons acquise, à nos dépens, en juillet 1930, nous trace la
voie où nous devons nous engager si nous voulons éviter, dans l'avenir,
les conséquences des erreurs du passé :

« Parmi tous les devoirs qui incombent à un chef d'industrie,
» conclut M. Eugène Schneider, je n'en connais pas de plus attachant
» que celui de protéger l'ouvrier contre l'injustice et l'arbitraire, de
» faire naître parmi les travailleurs cette saine forme de l'esprit collectif
» que sont : l'attachement au métier, l'amour des traditions locales,
» la foi en l'avenir de l'œuvre commune. Mais il faut soustraire l'ouvrier

» à la tyrannie collective, à l'esprit grégaire, aux impulsions incons-
» cientes. Nous avons fait confiance à l'individualisme, nous ne le
» regrettons pas ».

Le mode d'élection des délégués de corporation dans les usines du Creusot est défini par un règlement s'inspirant des principes admis par notre droit public pour toutes les élections. Les délégués sont élus au scrutin secret pour un an ; pour être élu au premier tour, le candidat doit obtenir la majorité absolue des suffrages exprimés et un nombre de voix au moins égal au quart des électeurs. Au deuxième tour, la majorité relative est suffisante, quel que soit le nombre des votants.

« Il importe, si l'on veut qu'une harmonie parfaite existe entre le délégué et ses camarades, de permettre à l'opinion de se manifester assez fréquemment. L'expérience révèle que cette manière de faire est très favorable à la bonne marche de l'institution. »

Voyons maintenant comment fonctionne l'organisme ainsi institué. Comme tous les systèmes de conciliation, il présente un danger : ne ne peut-on craindre que certains délégués, pour démontrer leur utilité, ne fassent naître des réclamations et multiplient ainsi les risques de conflit ? D'abord, l'ouvrier conserve, en dehors de l'institution des délégués, le droit de présenter lui-même, et directement, ses réclama-tions à son chef ; si la réclamation est d'ordre privé ou n'intéresse pas l'ensemble de la corporation, le délégué n'a pas à intervenir :

« Si l'on mêle les cas d'ordre privé aux questions d'ordre général,
» on risque d'égarer la discussion dans des détails infimes ; on perd
» de vue les principes supérieurs qu'il faut avoir toujours présents à
» l'esprit lorsqu'on dirige une grande communauté ouvrière.

» Le délégué perdrait aussi une grande partie de son autorité
» s'il lui fallait être l'avocat des réclamations individuelles. Il cesserait
» de représenter librement les intérêts généraux de sa corporation et
» deviendrait en quelque sorte le mandataire de chacun des ouvriers
» qui, dès lors, se croiraient fondés à lui imposer leur opinion. Les
» rapports entre le délégué et le chef de service perdraient leur carac-
» tère objectif ».

En limitant l'action des délégués ouvriers aux seules questions intéressant l'ensemble de la corporation, on évite le principal écueil, on écarte la plus sérieuse objection à leur institution. « Pratiquement,
» les réclamations présentées par les délégués des ateliers du Creusot
» ont toujours eu un caractère précis et ont été pour la plupart raison-
» nables. Elles ont, en tout cas, toujours supporté l'examen ou la
» discussion. C'est ce qui explique que la majeure partie ait été retenue ».

Il n'existe évidemment pas, au Creusot, de délégation patronale puisque, en fait, il s'agit d'entreprises ayant un seul et même chef. Les délégués ouvriers, après avoir examiné les réclamations dont ils sont saisis, les soumettent — si elles leur apparaissent fondées — aux chefs de service qui en établissent procès-verbal, sur un cahier spécial en consignant, en regard, la réponse donnée. Tous les procès-verbaux sont transmis au Directeur qui les annote. Cette disposition spéciale, qu'explique la situation du Creusot, n'enléve aucune valeur comparative aux résultats obtenus ; la multiplicité des tissages d'Armentières implique le maintien d'une délégation patronale, elle seule ayant qualité pour prendre contact avec la délégation ouvrière, elle seule ayant pleine et entière autorité pour prendre décision.

L'institution des délégués ouvriers exerce, déclare M. Eugène Schneider : « une influence très grande sur l'esprit de tout le personnel » d'une usine.

» Parmi les ouvriers, elle développe l'habitude de présenter les » demandes avec calme et précision, d'étudier les questions, de voir » en face les difficultés. Elle renforce le sentiment de la dignité » personnelle ; elle donne à l'ouvrier plus d'indépendance et d'assurance. » Aux cadres, elle inspire le souci d'apporter dans leurs actes quo- » tidiens plus de justice, d'introduire dans leurs rapports avec leurs » subordonnés un large esprit de collaboration et de bienveillance, de » tenir compte de leurs aspirations.

» Toutefois, ces résultats ne se réalisent pas spontanément par » une sorte de miracle des bonnes volontés. Il faut vouloir faire vivre » l'œuvre qu'on a créée : les institutions humaines tombent moins » souvent sous les coups de ceux qui les attaquent que par la faute » de ceux qui avaient mission de les défendre et intérêt à les » maintenir.

» Que de telles expériences soient difficiles, parfois même » décevantes, comme tout ce qui est vivant, comme tout ce qui doit » compter avec le temps, c'est indéniable. Mais lorsqu'elles apportent, » comme celle-ci, et pendant une période aussi troublée, UNE PAIX » SOCIALE DE PLUS DE TRENTE ANNÉES, on a, semble-t-il, le » droit d'édifier sur elles une grande espérance.

L'EXPÉRIENCE DE CALAIS [1]

M. Paul Chanson, dans un opuscule sur la collaboration entre syndicats patronaux et ouvriers, expose très brièvement les heureux résultats obtenus, à Calais, par la Commission Mixte, chargée de régler

1. *La Collaboration des Syndicats patronaux et ouvriers.* — Paul Chanson, Secrétariat social du Nord (Lille).

les rapports des industriels de cette ville avec leurs ouvriers, tout au moins en ce qui concerne la dentelle et le port. La Commission Mixte se compose d'une délégation patronale et d'une délégation des syndicats ouvriers.

M. Paul Chanson constate, tout en le déplorant, que ces syndicats ouvriers sont socialistes-cégétistes. Nous comprenons qu'il regrette l'absence d'un syndicat chrétien ; mais l'unité de tendance des syndicats représentés à la Commission Mixte de Calais comporte toutefois le considérable avantage d'assurer l'homogénéité de la Commission Mixte et d'en écarter l'esprit de concurrence et l'esprit de surenchère.

Tous les dockers, sans exception, sont syndiqués : cette corporation est donc effectivement, et complètement, représentée à la Commission Mixte. Quant aux ouvriers tullistes, « tous ne sont pas » syndiqués, tant s'en faut, mais tous observent la discipline syndicale, » en ce sens qu'ils travaillent tous aux conditions stipulées par le » contrat collectif. »

Ce fait d'accepter des conditions de travail à l'élaboration desquelles ils n'ont pas été appelés à collaborer, ne nous paraît pas une preuve suffisante de la satisfaction des nombreux ouvriers non syndiqués : ceux-ci sont, en fait, privés d'un droit tout aussi respectacle que celui que s'arrogent les syndiqués.

Les conditions où se poursuit l'expérience de Calais sont, on le voit, totalement différentes des conditions dans lesquelles la Commission Mixte fonctionnait à Armentières ; d'autre part, le régime date de huit années seulement, or, ce n'est qu'en 1930 que le régime institué à Armentières révèla les graves imperfections qu'il comportait...

L'ÉCHEC DE 1930

Il nous reste maintenant à examiner certaines circonstances qui, dans le conflit de 1930, peuvent nous éclairer davantage encore et nous aider à dégager plus surement nos conclusions.

La loi des Assurances Sociales — La loi des Assurances Sociales aurait dû être l'occasion d'une étude sérieuse de la part de la Commission Mixte. Rien de pareil ne s'est produit : ni les patrons ni les ouvriers n'ont pris l'initiative d'en provoquer la convocation. Si les Industriels se sont efforcés d'instruire les ouvriers de la nécessité d'accepter le précompte ; si toutes dispositions avaient été prises par eux pour que nul n'ignorât les avantages que leur assurait la loi, il ne semble pas que les syndicats ouvriers aient pris une initiative du même genre ; bien au contraire la conviction s'était établie chez l'ouvrier qu'il ne serait, en aucun cas, appelé à supporter le prélèvement que la loi mettait à sa charge, ou tout au moins qu'une augmentation de salaire compensatrice lui serait assurée. Il faut faire ici une double constatation :

La Commission Mixte n'a pas fonctionné dans une circonstance grave, où son intervention s'imposait, ou du moins, elle n'a fonctionné que tardivement, sous la pression des circonstances qu'il n'était plus en son pouvoir de maîtriser.

La grève s'étant déclanchée alors que la Commission mixte s'était réunie, les délégués ouvriers ont manqué de l'autorité nécessaire pour éviter cette solution extrème ; ils ont marqué, eux-mêmes, cette carence en « constatant » la grève sans jamais l'avoir conseillée. Les chefs impuissants avaient été débordés par leurs troupes.

Notons, en passant, qu'à Lille, où pourtant ne fonctionnait aucun organe de conciliation, le syndicat libre du textile s'opposa, de tout son pouvoir, à la grève ; de leur côté, les syndiqués chrétiens de la métallurgie adoptèrent une attitude analogue. La grève prit fin dans les conditions que l'on sait, tandis qu'à Armentières le conflit se prolongeait malgré l'esprit de conciliation, incontestablement plus large, dont firent preuvent les patrons. Certains observateurs du dehors ne manquèrent pas de faire ressortir cette situation ; ils en profitèrent pour faire le procès du régime d'Armentières et pour le condamner sans appel.

Reconnaissons qu'à Armentières même, la foi dans la Commission Mixte était fortement ébranlée ; les conclusions auxquelles la présente étude nous conduira n'y auraient vraisemblablement pas été accueillies avec faveur si nous n'avions, avant de les produire, laissé le temps faire son œuvre d'apaisement.

Les événements de 1928 — On a prétendu qu'il fallait en réalité rechercher la véritable cause de la grève de 1930 dans les les événements de 1928 ». Qu'est-ce que les « événements de 1928 »? Quelle influence réelle ont-ils, à tort ou à raison exercée sur les rapports entre patrons et ouvriers ? Jusqu'à quel point sont-ils l'origine réelle du conflit de 1930 ? En 1928, une grève révolutionnaire immobilisait, depuis de longs mois, l'industrie de Halluin ; une tentative fut faite par les communistes pour l'étendre à toute la région et en particulier à l'industrie textile. Remontant la vallée de la Lys, la poussée rencontra à Armentières une résistance énergique de la part du Syndicat Chrétien : quelques usines furent arrêtées ; la plupart d'entre elles gardèrent partiellement leur personnel, d'autres ne subirent aucune défection : en quelques jours, le mouvement était brisé, le flot envahisseur nettement, et définitivement, refoulé. Il faut rendre ici hommage à l'action intelligente des dirigeants du Syndicat Chrétien : ayant la juste notion des intérêts de leur corporation, ils surent, par l'énergie de leur attitude, préserver les ouvriers des entreprises brutales de fauteurs de désordre. Quelle fut, en l'occurence, l'attitude du syndicat socialiste ? Le moins qu'on puisse dire est qu'elle fut une passivité sympathique. Inutile d'ajouter que le syndicat communiste épaulait le mouvement de toute sa vigueur. Cette triple attitude des syndicats Chrétien, socialiste et communiste démontre bien l'impossibilité de tirer des syndicats les éléments d'une délégation ouvrière homogène, détachée de toute considération extra-professionnelle et qualifiée pour défendre impartialement, dans une Commission mixte, les intérêts de l'universalité des ouvriers de la corporation.

Lorsqu'en Juillet 1930 se produisirent les premières prises de contact entre la délégation ouvrière et la délégation patronale, grand fût l'étonnement, parmi les Industriels, de constater l'animosité des ouvriers ; ceux-ci accusaient les patrons d'avoir manqué aux engagements pris : on avait, disaient-ils, promis, en 1928, à la suite de la grève avortée, des avantages dont il n'avait plus été question par la suite. Force fût de constater qu'une telle légende s'était accréditée parmi les ouvriers : eut-elle pour point de départ les propos imprudents ou maladroits d'une personnalité sans mandat ? Ce point ne fut jamais complètement éclairci ; mais le fait est qu'en 1930 l'atmosphère de la Commission mixte fut littéralement empoisonnée par cette grave imputation ; les ouvriers — que personne n'avait détrompés — offrirent, de ce fait une moindre résistance aux suggestions des gréviculteurs. Ici encore, quelque regrettables que soient ces faits, une constatation s'impose : durant deux longues années, un malentendu a pu naître, se développer sans que les délégués ouvriers songent à l'éclaircir, et compromettent lamentablement l'œuvre de près de trente années.

L'arbitrage. — La grève de 1930 se termina par l'arbitrage de M. Langeron, préfet du Nord, qui, sur les données fournies par M. Gervois, inspecteur du Travail, déterminait une augmentation générale des salaires de 3 °/₀ ; la sentence d'arbitrage, signée par les délégués ouvriers et les délégués patronaux, réglait la situation « pour toutes les catégories ».

Nouveaux incidents. — Or, les usines s'étaient à peine remises en marche que deux incidents se produisaient : les lamiers d'une part ; les encolleurs-pareurs, d'autre part ; prétendant que la sentence arbitrale ne réglait pas complètement leur sort, réclamaient des avantages supplémentaires et mettaient les patrons en demeure de leur donner satisfaction, faute de quoi ils cessaient le travail. La question fut rapidement réglée avec les lauriers ; elle le fut moins aisément avec les encolleurs-pareurs et l'on pût craindre un instant que l'intransigeance d'une catégorie de préparation, comptant moins de deux cents ouvriers, n'amenât la fermeture de toutes les usines, condamnant à un nouveau chômage des milliers d'ouvriers qui venaient de subir deux mois de grève. Le rappel de ce double incident n'est pas inutile : les divers travaux de tissage forment une chaîne continue; une interruption sur un point entraîne, à brève échéance, l'arrêt général de l'usine atteinte. Certes, les intérêts des diverses catégories (préparations et tissage) sont respectables : mais toutes le sont au même titre, sans aucun privilège pour quiconque ; la défense de ces intérêts doit être assurée par un organisme unique, dans des conditions qui assurent à chacun le droit de se faire entendre, mais, en aucun cas, les intérêts généraux de la masse ne doivent être mis en péril. Cette considération ne doit pas être négligée si l'on veut rétablir la Commission Mixte dans des conditions qui en assurent le fonctionnement sans à-coups et sans entraves.

CONCLUSION

Nous croyons avoir maintenant réuni tous les éléments susceptibles de nous aider à tirer de cette étude une série de conclusions pratiques. Nous les traduisons dans un projet de statuts, ci annexé, dont chacun des articles a été en quelque sorte rédigé les yeux fixés sur le passé dans le dessein d'assurer un meilleur avenir.

La grève de 1930 fut un accident qui n'implique nullement condamnation de la Commission Mixte ; parce qu'une défaillance s'est produite, on ne brise pas définitivement une organisation qui, toute imparfaite qu'elle fût, assura, dans toute une corporation, une paix féconde de plus d'un quart de siècle.

La Commission Mixte doit donc être rétablie ;

La délégation ouvrière comme la délégation patronale, doit être l'émanation non des syndicats, mais de la corporation toute entière ;

La qualité du travail d'une assemblée étant en raison inverse du nombre de ses membres, il y a intérêt à fixer à quatre le nombre des membres de chacune des délégations ;

Les intérêts des diverses catégories d'ouvriers des préparations et du tissage doivent être représentés dans le cadre de la Commission.

Le danger réel que comporte l'institution de la Commission Mixte réside dans l'abus qu'on en pourrait faire ; seules, les questions touchant les intérêts généraux de la corporation doivent être portés devant elle, les présidents de chacune des deux délégations ayant ensemble qualité pour convoquer la Commission Mixte et dresser l'ordre du jour ;

Des procès-verbaux devront être établis à la fin de chaque séance de la Commission Mixte, rien ne pouvant être retenu qui n'y soit mentionné.

Un règlement ainsi établi, tenant soigneusement compte des données de l'expérience, semble bien de nature à assurer à la Commission Mixte le maximum d'efficacité.

Il n'est pas douteux que les ouvriers sont unanimes à désirer son rétablissement. Que les méthodes anciennes doivent être réformées, ils en convenaient eux-mêmes en exprimant l'opinion que, depuis 1922, la Commission Mixte n'a pas réellement fonctionné : la délégation ouvrière. reçue par la délégation patronale, ne faisait qu'enregistrer des décisions déjà prises... (Communiqué des Syndicats confédérés, 4 septembre 1930).

Nous ne voulons pas instituer une discussion inutile sur cette opinion extrême, exprimée au cours d'un conflit depuis longtemps apaisé ; notre but, en la rappelant, est de constater que le désir d'une réforme existe depuis de longues années dans l'esprit de l'ouvrier.

Les anciens délégués à la Commission Mixte ne peuvent considérer qu'un vote de leur Corporation serait de nature à les déposséder de la situation qu'ils tenaient de leur Syndicat ; rien ne s'oppose à ce qu'ils posent leur candidature et à ce qu'ils fassent confirmer, par leur Corporation, les pouvoirs qu'ils tenaient jusqu'ici d'une minorité.

Quant aux industriels, nous ne croyons pas qu'ils soient, à l'heure présente, hostiles à une Commission Mixte réformée ; si le retour pur et simple aux méthodes anciennes devait rencontrer, de la part d'un grand nombre, une opposition irréductible, on peut raisonnablement espérer qu'une organisation présentant des garanties de bon fonctionnement rallierait l'unanimité de leurs suffrages.

Toutefois, la Commission Mixte, si parfaitement organisée qu'elle puisse être, ne donnera d'heureux résultats que dans la mesure du bon usage qu'on en fera ; un bon outil ne vaut que par la qualité de l'ouvrier qui s'en sert ; la Commission Mixte doit être « une organisation » où le souci des intérêts professionnels soit seul en jeu, où les questions s'étudient sans passion, où les influences politiques ne puissent s'exercer ». Si ces conditions ne sont pas remplies, l'échec est certain à plus ou moins brève échéance. Nous souhaitons que faisant confiance aux hommes, on tente une nouvelle expérience.

I. — Objet de la Commission Mixte

Il est institué une Commission Mixte qui aura pour mission de régler les rapports généraux des employeurs et ouvriers dans l'industrie du tissage et la région d'Armentières-Houplines.

Sont exclues de la compétence de la Commission Mixte toutes les questions ayant trait à l'organisation particulière des firmes représentées.

II. — Composition de la Commission Mixte.

La Commission Mixte est composée de quatre délégués patrons, quatre délégués généraux ouvriers et six délégués ouvriers spécialisés.

Délégués patrons. — Les délégués patrons sont nommés, chaque année, le premier samedi de Février, par tous les industriels tisseurs de la région d'Armentières-Houplines, réunis en Assemblée générale, chaque firme disposant d'une voix ; leur mandat est limité à un an ; ils sont indéfiniment rééligibles.

Pour être éligible, il faut être français ; avoir 25 ans, au moins ; faire partie de l'une des firmes ayant droit de vote.

Délégués ouvriers. — La délégation ouvrière est nommée, chaque année, le premier samedi de Février. Elle est composée de quatre délégués généraux et de six ouvriers spécialisés Leur mandat est limité à un an ; ils sont indéfiniment rééligibles.

Sont électeurs, les ouvriers et ouvrières âgés de 18 ans, au moins, quelque soit la catégorie à laquelle ils appartiennent (tissage proprement dit, préparations, services annexes).

Les délégués généraux sont élus par les ouvriers de toutes catégories.

Il est, en outre, nommé six délégués spécialisés :

1° Une déléguée chargée des intérêts du bobinage et du canetage ;

2° une déléguée ourdisseuse ;

3° un délégué pareur-encolleur ;

4° un délégué lamier ;

5° un délégué contremaître ;

6 un délégué visiteur-tondeur.

Chaque délégué spécialisé est nommé par les ouvriers de sa catégorie dans les conditions fixées pour les délégués généraux.

Pour être éligibles, les ouvriers et ouvrières doivent :

1° être français ;

2" savoir lire et écrire ;

3° être attachés aux établissements représentés à la Commission mixte ou en ayant fait partie au titre de l'une des catégories (préparations, tissage, services annexes) pendant dix ans consécutifs, au moins ;

4° être âgé de 25 ans.

Délégués suppléants. — En même temps que les délégués titulaires, patrons et ouvriers, il est nommé des délégués suppléants, chaque membre titulaire ayant son suppléant nommément désigné. Les titulaires, séuls, auront le droit de siéger en commission, les suppléants n'intervenant qu'en cas de décès ou d'indisponibilité des titulaires auxquels ils sont attachés. Toutefois, le suppléant qui aura siégé au début d'une tractation sera maintenu comme titulaire provisoire jusqu'à épuisement de la question mise à l'étude.

Dans le cas où la Commission mixte se trouverait en fonction au moment fixé pour l'élection, l'élection serait ajournée jusqu'à ce que la question à l'étude soit équisée.

III. — Fonctionnement de la Commission mixte.

Dans les quinze jours qui suivent l'élection, les quatre délégués patrons et les quatre délégués se réunissent pour nommer le Bureau composé d'un président patron, d'un vice-président ouvrier et d'un secrétaire qui sera pris en dehors des délégués.

Les réunions suivantes sont tenues après accord du président et du vice-président qui en fixent l'ordre du jour ; les convocations sont envoyées par le Secrétaire.

Les questions d'intérêt général et les questions affectant le tissage proprement dit sont du ressort exclusif des délégués généraux.

Lorsque viennent en discussion des questions touchant les intérêts spéciaux de l'une des six catégories annexes, le plus jeune des délégués généraux ouvriers cède la place au délégué de la catégorie intéressée jusqu'à ce que la question qui le concerne soit réglée, la composition de la Commission Mixte restant invariable quant au nombre de représentants des deux parties.

Aucune question ne sera être traitée si elle ne figure à l'ordre du jour.

IV. — Décisions de la Commission Mixte.

Les décisions sont prises au scrutin secret par six voix au minimun. Si cette condition ne peut être réalisée, la question est reprise dans une séance ultérieure dont la date est fixée par le président dans la quinzaine qui suit. Si cette seconde réunion n'aboutit pas à un accord, l'examen de la question est confié à un expert désigné par les deux parties. Celui-ci aura mission, après avoir entendu les deux parties séparément ou ensemble, et avoir pris tout avis de nature à l'éclairer, de recommander à la Commission Mixte la solution qui lui paraîtra la meilleure. La Commission Mixte se réunit pour l'entendre. En cas de désaccord persistant, il est établi un procès-verbal constatant ce désaccord : les deux parties reprennent alors leur liberté.

Procès-verbaux. — Chacune des séances de la Commission Mixte donne lieu à l'établissement, par les soins du secrétaire, d'un procès-verbal, signé par chacun des membres présents. Il n'y est porté aucune indication relative au nombre de voix acquis pour chacune des décisions prises. Seuls, les procès-verbaux font foi à l'égard des deux parties.

Application des décisions. — L'application des règlements établis par la Commission Mixte est assurée par les présidents et vice-présidents ; les manquements qui seraient constatés par les ouvriers sont signalés au secrétaire qui, après enquête, saisit de la question le président, lequel, s'il y a lieu, rappelle l'employeur à l'observation des règlements.

Un registre spécial, tenu par le secrétaire, mentionnera, par ordre de date, les réclamations qui se seront produites, les résultats de l'enquête et la suite donnée. Chaque procès-verbal sera soumis à la signature du président et du vice-président de la Commission Mixte. Les membres de la Commission Mixte peuvent à tout moment obtenir communication de ce registre spécial.

Celle des deux parties qui voudra se dégager du présent contrat, devra en saisir l'autre partie par lettre recommandée, six mois avant.

Projet de règlement
pour l'élection des délégués ouvriers.

Du 1ᵉʳ au 15 janvier, les candidats aux fonctions de délégués généraux ou de délégués spécialisés font, par lettre recommandée, leur déclaration de candidature à la Chambre de Commerce, ou remettent eux-mêmes cette déclaration au Secrétaire, qui en délivre accusé de réception à l'intéressé.

Quinze jours avant la date fixée pour l'élection, des listes sont établies comportant, par lettre alphabétique, les noms, prénoms et adresses des candidats délégués généraux, sans aucune autre mention,

Il est procédé de même pour les délégués spécialisés, chaque catégorie constituant une liste particulière.

Les diverses listes sont affichées en bonne place, dans chaque tissage, huit jours au moins avant la date fixée pour l'élection.

Il est établi et mis à la disposition des ouvriers, au moment du vote, des bulletins d'un modèle uniforme pour la nomination des délégués généraux ; des bulletins de couleurs diverses pour la nomination des délégués spécialisés, une couleur correspondant à une catégorie.

Chaque bulletin comporte la liste des candidats, exactement conforme à l'affichage. Les électeurs passent successivement dans un isoloir où ils effacent les noms des candidats qui ne leur agréent pas, ne laissant subsister que huit noms sur la liste des délégués généraux, deux noms sur chacune des listes des délégués spécialisés.

Dans chaque tissage, il est établi, par les soins de la Direction, une liste d'émargement comprenant les noms et adresses de tous les électeurs ; cette liste est affichée quinze jours avant le vote : chaque ouvrier peut, sur justification, obtenir les rectifications l'intéressant.

Le premier samedi de Février, dans chaque usine, il est procédé au vote. Les quatre ouvriers les plus anciens de l'établissement, aidés d'un représentant de la Direction, constituent le bureau. Les bulletins sont déposée dans des urnes scellées, d'un modèle uniforme, chacune portant le nom de l'établissement auquel elle a été confiié.

Le vote terminé, les urnes sont portées par les membres du bureau à la Chambre de Commerce, où il est procédé au dépouillement général sous le contrôle des douze ouvriers les plus anciens aidés de trois délégués désignés par la Chambre de Commerce. A chacune des urnes est jointe la liste d'émargement de l'usine à laquelle elle appartient.

Le dépouillement est fait usine par usine : un procès-verbal est dressé des résultats donnés par chacune d'elles.

Un relevé général est ensuite établi, totalisant pour chacun des candidats le nombre des voix obtenues. Sont déclarés délégués généraux titulaires, les quatre candidats à cette fonction ayant obtenu le plus grand nombre de voix ; sont déclarés délégués généraux suppléants les quatre candidats venant à la suite. Les délégués prennent rang dans l'ordre du nombre de voix obtenu par chacun d'eux ; celui qui obtient le plus grand nombre de voix prend le n° 1, etc... Le délégué n° 5 est le suppléant du titulaire n° 1 ; le délégué n° 6 est le suppléant du titulaire n° 2 et ainsi de suite. En cas d'égalité des voix, le candidat le plus âgé a la priorité.

Il est procédé de même pour chacune des six catégories ayant à élire des délégués spécialisés ainsi que pour leurs suppléants.

Les bulletins irréguliers ou portant des mentions autres que les noms et prénoms des candidats sont déclarés nuls. Il en est de même des bulletins, comportant plus de huit noms pour les délégués généraux ; plus de deux noms pour les délégués spécialisés.

ROUEN - IMPRIMERIE LECERF